はじめての おやつ Lesson レッスン

はじめに 4

Lesson 1 いろいろ作れるホットケーキミックス
レッスン

ジップロッククッキー 7

Variation 1 ジップロックバナナクッキー 9
バリエーション

Variation 2 ホットケーキミックスシフォン 10
バリエーション

Variation 3 お絵描きホットケーキ 12
バリエーション

Variation 4 ウインナーロール 14
バリエーション

Lesson 2 色がきれいなゼリー&寒天
レッスン

すいかゼリー 17

Variation 1 オレンジゼリー 19
バリエーション

Variation 2 ストローゼリー&クラッシュゼリー 20
バリエーション

Variation 3 お絵描き寒天 22
バリエーション

Variation 4 サイダーゼリー 24
バリエーション

Lesson3 見た目も味もやさしい和菓子
カラフルぎゅうひ 27

- Variation1 ぎゅうひアイス 29
- Variation2 白玉フルーツポンチ 30
- Variation3 おせんべい 32
- Variation4 お団子3種 34
- Variation5 桜もち 36
- Variation6 カラフルわらびもち 38

Lesson4 ちょっと驚きの野菜のおやつ
野菜ようかん 41

- Variation1 型抜きかぼちゃようかん 43
- Variation2 じゃがもち 44
- Variation3 トマトプリッツ 46
- Variation4 スイートポテト 48

Lesson5 季節を感じるフルーツおやつ
メロンムース 51

- Variation1 メロンムースアレンジ 53
- Variation2 フルーツ春巻き 54
- Variation3 フルーツアイス 56
- Variation4 フルーツトースト 58

材料いろいろ 60
用具いろいろ 61
プレゼントに 62
おわりに 63

はじめに

おやつを作ってみたいなと
思ってる人、集まれ!!

はじめてでも大丈夫!
楽しく作れてかんたんなおやつばかりです。

作り方は、写真でわかりやすく解説しています。
1つ1つ順を追って作っていくだけで
おいしいおやつができます!

食べるだけでなく、作るのも楽しいです。
さあ、食べたいものから作りましょう!

作りはじめる前に

1 大人の人といっしょに作りましょう！

火を使ったり、包丁を使ったり、危ないことも多いので、必ず大人の人といっしょにやりましょう。

2 手を洗ってからはじめましょう！

作りはじめる前に、必ず手を洗いましょう。

3 材料、用具はそろえてからはじめましょう！

途中で取りにいく間に状態が変化することもあるので、必ずそろえましょう。

4 計量はキチンと正確にしましょう！

計量が正確でないと、できあがりが違ってきます。

5 後かたづけはしっかりしましょう！

後かたづけをキチンとするのが、お菓子作りのルールです。

いろいろ作れるホットケーキミックス

ホットケーキミックスは、
ホットケーキ以外にもいろいろ使えて
とっても便利です。

かんたんに作れるものが多いので
ぜひ、ここからチャレンジしましょう！

ジップロッククッキー

袋の中に材料を入れて作るだけ！

ソフトでおいしいクッキーができます。

ジップロッククッキー

材料をそろえましょう！

約15枚分	
無塩バター	90g
砂糖	70g
卵	1個
ホットケーキミックス	200g
チョコレートペン	1本

用具をそろえましょう！

- ジップロック(Lサイズ)
- 麺棒
- はさみ
- 抜き型
- オーブン
- 耐熱の器
- ラップ

ジップロック

抜き型

さあ、作りましょう！

1 ジップロックに材料を入れて混ぜます。

❶ ジップロックにバター、砂糖を入れ、手でもむようにしてなめらかになるまで混ぜます。

❷ 卵を加え、なめらかになるまで混ぜます。

❸ ホットケーキミックスを加え、ジップロックの口を閉め、混ぜます。

2 生地を休ませます。

ひとまとまりになったら、手で平らにし、冷蔵庫で約1時間休ませます。

3 のばして型で抜きます。

❶ ジップロックの上から麺棒で4mm厚さにのばします。

❷ はさみで切って開き、抜き型で抜き、クッキングシートを敷いた天板に間隔をあけてのせます。

4 オーブンで焼きます。

170度に予熱したオーブンで10〜12分焼きます。

5 顔などを描きます。

1

チョコレートペンはお湯(材料外)を入れ、ラップをかけた耐熱の器にのせて、やわらかくします。

2 できあがり！

クッキーが冷めたらチョコレートペンで顔などを描きます。

はじめてのおやつ Variation1 バリエーション ホットケーキミックス

ジップロックバナナクッキー

材料

バナナ1本たします。

作り方

1の後にバナナを入れて混ぜ、スプーンですくって、天板に並べます。

ホットケーキミックスシフォン

ふんわりおいしいシフォンケーキも
ホットケーキミックスならかんたん！
プレゼントにもいいですね！

材料

3個分
卵	2個
砂糖	40g
サラダ油	大さじ2
水	大さじ2
ホットケーキミックス	60g
ドライフルーツミックス	20g

用具

- ボウル(大・中)
- 泡立て器
- へら
- オーブン
- 紙コップ

さあ、作りましょう！

1 生地を作ります。

❶ ボウル(大)に卵黄、1/2量の砂糖を入れ、泡立て器で混ぜます。

❷ サラダ油、水を加えて混ぜます。

❸ ホットケーキミックスを加えて混ぜます。

❹ ボウル(中)に卵白を入れ、残りの砂糖を2回に分けて加え、角が立つまで泡立てます。

❺ ❸に❹を加えて混ぜ、紙コップに流し入れ、ドライフルーツをのせます。

2 オーブンで焼きます。

170度に予熱したオーブンで約20分焼き、洗濯ピンチではさみ、逆さまにして冷まします。

お絵描きホットケーキ

チョコを加えた生地で絵を描いて
ホットケーキを焼くだけ！
楽しいホットケーキです。

はじめてのおやつ
Variation3
バリエーション
ホットケーキミックス

材料

4人分
ホットケーキミックス	150g
卵	1個
牛乳	120mℓ
チョコレートシロップ	小さじ1

用具

ボウル(中・小)　泡立て器
スプーン　おたま
フライ返し
細口のボトル
フライパン

細口のボトル

🌼 さあ、作りましょう！

1 生地を作ります。

ボウル(中)にホットケーキミックスを入れ、卵、牛乳を加え、泡立て器で混ぜます。

2 チョコレート生地を作ります。

ボウル(小)に1の生地大さじ3を入れ、チョコレートシロップを加えて混ぜ、細口のボトルに入れます。

3 絵を描きます。

フライパンにお好みの絵を描きます。

4 ホットケーキを焼きます。

①弱火で少し焼き、火からおろし、絵の上から生地を丸く流し入れます。

②再び、弱火にかけ、表面がふつふつしてきたら、返して両面焼きます。

ウインナーロール

卵焼き器で作ります。
ウインナーをのせて巻くだけ！
パーティにも、ピクニックにも！

はじめてのおやつ
Variation 4
バリエーション
ホットケーキミックス

材料

8個分
ホットケーキミックス	150g
卵	1個
牛乳	120ml
ウインナー	8本

用具

ボウル(中・小)
泡立て器
おたま
フライ返し
卵焼き器

切り口

さあ、作りましょう！

1 生地を作ります。

① ボウル(小)に卵を割り入れ、牛乳を加え、泡立て器で混ぜます。

② ボウル(中)にホットケーキミックスを入れ、①を加えて混ぜます。

2 ウインナーをのせて焼きます。

① 卵焼き器に1❷を流し入れます。

② 手前から1cmのところにウインナーをのせ、中火から弱火で温めます。

3 巻きます。

① ふつふつしてきたら、手前から巻きます。

できあがり！

② くるくる巻いて焼きます。

色がきれいな ゼリー&寒天

プルンとおいしいゼリーと寒天も
かんたんに作れて、楽しく食べられるものが
いろいろあります。

色がきれいなので、作っていて楽しいですね。
冷たく冷やして食べましょう！

すいかゼリー

すいかの中をくり抜いて
中身で作ったゼリー液を入れて固めます。
すいか味のゼリーが、おいしいです！

すいかゼリー

材料をそろえましょう！

4個分	
小玉すいか	1/2玉
砂糖	大さじ1
粉ゼラチン	10g
水	大さじ3

用具をそろえましょう！

ボウル(小・中)　耐熱の器
スプーン　ざる　包丁
まな板　ミキサー
ラップ
電子レンジ

さあ、作りましょう！

1 ゼラチンをふやかします。

① 耐熱の器に水を入れ、ゼラチンを入れます。

② 少しおき、ふやかし、ラップをかけ電子レンジで約30秒温めます。

2 果肉をすくい、器を作ります。

① 果肉はスプーンできれいにすくい、ボウルに入れ、種を取ります。皮は器にします。

3 すいかをジュースにします。

① ミキサーにすいかの果肉を入れ、なめらかになるまでミキサーにかけます。

② ざるでこします。

4 ゼラチンを加えます。

① 3②に砂糖を加えて混ぜます。

5 冷やし固めます。

1❷を❶に加えて混ぜます。

ボウルの上にすいかの器をのせ、4❷を流し入れ、冷蔵庫で冷やし固めます。

4等分に切ります。

はじめてのおやつ Variation 1 バリエーション ゼリー＆寒天

オレンジゼリー

材料
2個分

オレンジ	1個
砂糖	大さじ1
オレンジジュース	100mℓ
粉ゼラチン	5g
水	大さじ2
ミント	少々

作り方

オレンジは半分に切り、絞り器で絞り、同じように作ります。

ストローゼリー＆クラッシュゼリー

ゼリー液をストローに入れて食べ、
残りもクラッシュしてグラスに入れ、
ストローで吸ったり、スプーンで食べましょう！

材料

4人分	
粉ゼラチン	6g
水	大さじ2
砂糖	大さじ2
アセロラジュース	200mℓ

用具

小さい器　耐熱のボウル
へら　フォーク
バット　ラップ
電子レンジ

さあ、作りましょう！

1 ゼリー液を作ります。

① 小さい器に水を入れ、ゼラチンを入れて少しおき、ふやかします。

② 耐熱のボウルにアセロラジュース、砂糖を入れて混ぜます。

③ ラップをかけ、電子レンジで約1分半温め、①を加えて溶かします。

2 ストローに入れ、冷やし固めます。

1③をバットに入れ、ストローを浸し、ゆすりながら、ゼリー液を入れ、冷蔵庫で冷やし固めます。

3 クラッシュゼリーを作ります。

① ストローを取り出し、まわりについたゼリーを取ります。

② 残りのゼリーをフォークでひっかくようにクラッシュします。

＊同じように、オレンジジュース、グレープフルーツジュースで作ります。

お絵描き寒天

カラフルな寒天を作って
型で抜いてお絵描きしたら
透明な寒天液をかけて、できあがり！

はじめてのおやつ
Variation 3
バリエーション
ゼリー＆寒天

材料		用具

4人分
[寒天液①]
粉寒天　　5g
水　　　　500ml
砂糖　　　大さじ3
色粉(赤・黄・緑・青)　各少々

[寒天液②]
粉寒天　　3g
水　　　　250ml
砂糖　　　大さじ1と1/2

用具
小さい器　つまようじ
スプーン　おたま
バット　　四角い容器
抜き型　　鍋

さあ、作りましょう！

1 寒天液①を作ります。

2 色をつけ、冷やし固めます。

鍋に水、粉寒天を入れて混ぜ、弱火でかき混ぜながら、1〜2分温め、砂糖を加えて混ぜます。

❶ 小さい器に色粉、ほんの少しの水(分量外)を入れ、つまようじで混ぜます。

❷ 寒天液を4つに分け、❶を入れて色をつけます。

3 型で抜き、仕上げます。

❸ バットに流し入れ、冷蔵庫で冷やし固めます。

❶ 抜き型で抜き、四角い容器に並べます。

できあがり！

❷ 同じように作った寒天液②が少し冷めたら、❶の上から流し入れ、冷蔵庫で冷やし固めます。

サイダーゼリー

器にゼリー液を入れて固め、
フルーツを入れて固めました。
泡立てた泡がおいしいサイダーゼリーです。

はじめてのおやつ
Variation4
バリエーション
ゼリー&寒天

材料

3個分

粉ゼラチン	10g
水	大さじ3
サイダー	500ml
砂糖	大さじ2
キウイ	1/2個
オレンジ	1/4個
黄桃(缶)(2つ割り)、パイン(缶)	各1個
チェリー	3個

用具

小さい器　耐熱のボウル
包丁　まな板　おたま
泡立て器　スプーン
菜箸　ラップ
電子レンジ　ガラスのカップ

🌸 さあ、作りましょう！

1 ゼリー液を作ります。

❶ 耐熱のボウルにサイダー、砂糖を入れ、ラップをかけ、電子レンジで約2分半温めます。

❷ 水にふやかしたゼラチンを加えて溶かします。

2 冷やし固めます。

❶ 器に1❷をおたま1杯分を流し入れ、冷蔵庫で冷やし固めます。

3 ゼリー液を泡立てます。

❷ 食べやすい大きさに切ったフルーツを入れ、1❷の1/4量を残して流し入れ、冷やし固めます。

❶ 残りのゼリー液を泡立て器で泡立てます。

できあがり！

❷ 2❷にのせ、冷やし固め、チェリーをのせます。

見た目も味も
やさしい和菓子

和菓子って難しいと思っていませんか？
電子レンジや炊飯器で作れるものもあり、
意外とかんたんに作れます。

楽しく作れるものも多いので
ぜひひとつ作ってみてください。

和菓子は
色も楽しめるのよ。

カラフルぎゅうひ

電子レンジでかんたんに作れます。
あんこを包むだけでおやつに！
かわいい色に作れるのがいいですね。

カラフルぎゅうひ

材料をそろえましょう！

3個分

白玉粉	40g
砂糖	40g
水	80mℓ
色粉(赤)	少々
白あん	60g

用具をそろえましょう！

耐熱のボウル　泡立て器　へら　バット
ラップ　電子レンジ　つまようじ

下準備をしましょう！

●色粉にほんの少しの水(分量外)を入れ、つまようじで混ぜます。

さあ、作りましょう！

1 ボウルに材料を入れて混ぜます。

① 耐熱のボウルに白玉粉、砂糖を入れ、泡立て器で合わせます。

② 色粉で色をつけた水を少しずつ加え、だまがなくなるまで混ぜます。

2 電子レンジで温めます。

① ラップをかけ、電子レンジで約3分温めます。

② へらでよく混ぜます。

③ 片栗粉(材料外)を入れたバットに3等分にしてのせます。

3 あんを包みます。

① ②③の上にも片栗粉をふりかけ、薄くのばします。

白あんを3等分にして丸めます。

❶に❷をのせて包みます。

できあがり！

＊同じように、色粉(黄・緑)で作ります。

ぎゅうひアイス

材料
白あん→アイスクリーム　適量

作り方

3 ❶の後にぎゅうひを小さい器に広げ、アイスクリームを手早く包みます。

白玉フルーツポンチ

白玉団子の作り方はかんたん。
耳たぶの硬さにして、ゆでるだけ！
フルーツは好きなものを入れてもいいですね。

はじめてのおやつ
Variation2
バリエーション
和菓子

材料

4人分	
白玉粉	120g
水	約100㎖
りんご	1/4個
キウイ	1/2個
みかん(缶)	1/2缶
黄桃(缶)(2つ割り)	1個
チェリー	4個
サイダー	500㎖

用具

ボウル(大・中)
包丁　まな板
抜き型　おたま
鍋

✿ さあ、作りましょう！

1 フルーツを切ります。

りんご、キウイは1㎝厚さのいちょう切り、黄桃は1.5㎝角に切ります。

2 白玉を作ります。

ボウル(中)に白玉粉を入れ、水を少しずつ入れ、耳たぶくらいの硬さになるようにこねます。

3 形作ります。

丸めたり、型で抜きます。

4 ゆで、器に入れます。

❶

鍋に水を入れ、沸騰したら、3を入れ、温めます。

❷

浮いてきたら、水に取り、冷やします。

❸

器に❷、1を入れ、サイダーを注ぎます。

おせんべい

ごはんをめん棒でたたいて、
電子レンジで乾かし、オーブントースターで焼くだけ！
残りごはんで作ってもいいですね。

はじめてのおやつ
Variation 3
バリエーション
和菓子

材料		用具

約8枚分
ごはん	250g
しょうゆ	適量
焼きのり、ザラメ	各適量

ジップロック(Lサイズ)
麺棒　はさみ　丸型
はけ
電子レンジ
オーブントースター

🌸 さあ、作りましょう！

1 ごはんをつぶしてのばします。

① ジップロックにごはんを入れ、上から麺棒で、ごはんの粒をつぶしすぎないようにたたきます。

② 麺棒で薄くのばします。

2 型で抜き、乾燥させます。

① はさみで切り開き、丸型で抜きます。

② クッキングシートの上にのせ、電子レンジで約5分温め、裏返して約5分、乾くまで温めます。

3 焼きます。

① しょうゆを両面に塗り、アルミホイルを敷いた天板に並べ、オーブントースターで約4分焼きます。

② もう一度、しょうゆを塗り、返して約3分焼き、さらにしょうゆを塗って、焼きのり、ザラメをつけます。

お団子3種

お団子は同じ大きさに丸めます。
ゆであがりは浮いてくるのでかんたんです。
みたらし、ゆであずき、きな粉につけて！

はじめてのおやつ
Variation 4
バリエーション
和菓子

材料

4人分

団子の粉	150g
水	110ml
[みたらしのたれ]	
しょうゆ	大さじ1と1/2
みりん	大さじ1
砂糖	小さじ2
水	100ml
片栗粉	大さじ1

用具

ボウル(大)
へら　おたま
菜箸　鍋

ゆであずき	適量
きなこ、砂糖	各適量

さあ、作りましょう！

1 団子を作ります。

❶ ボウルに団子の粉を入れ、水を少しずつ加え、へらで混ぜます。

❷ 手でまとまるまでこね、食べやすい大きさに丸めます。

2 ゆでます。

❶ 鍋に水を入れ、沸騰したら、1❷を入れます。

❷ 浮いてきたら、水を入れたボウルに取ります。

3 たれなどをからめます。

❶ 鍋にみたらしのたれの材料を入れて混ぜ、弱火で温め、とろみがつくまで温めます。

❷ 2❷に❶、ゆであずき、砂糖と混ぜたきな粉をからめます。

桜もち

ちょっと豪華な桜もちも
電子レンジでかんたんに作れます。
プレゼントしてもいいですね！

材料

8個分

道明寺粉	100g
砂糖	20g
水	150ml
色粉(赤)	少々
黒あん	120g
桜の葉の塩漬	8枚

用具

耐熱のボウル　へら　つまようじ
ラップ　電子レンジ

下準備

● 色粉にほんの少しの水(分量外)を入れ、つまようじで混ぜます。

🌸 さあ、作りましょう！

1 生地を作ります。

❶ 耐熱のボウルに道明寺粉、砂糖を入れ、色粉で色をつけた水を少しずつ加えて混ぜます。

❷ ラップをかけ、約5分温め、そのまま、約10分おいて蒸らします。

❸ へらで混ぜます。

2 生地を分けて、包みます。

❶ ❸、黒あんを8等分にして丸めます。

❷ 生地を薄くのばし、黒あんをのせて包みます。

❸ 水に約10分つけて塩抜きした桜の葉で、包みます。

カラフルわらびもち

片栗粉とジュースを混ぜて
電子レンジで温めながら作ります。
いろいろなジュースで作ってみましょう！

はじめてのおやつ
Variation 6
バリエーション
和菓子

材料

4人分
片栗粉	30g
砂糖	15g
オレンジジュース	150㎖
[シロップ]	
水	150㎖
砂糖	50g
ミント	少々

用具

耐熱のボウル
ボウル(大)
泡立て器　へら
スプーン　菜箸
ラップ
電子レンジ

さあ、作りましょう！

1 生地を作ります。

1 耐熱のボウルに片栗粉、砂糖を入れ、オレンジジュースを少しずつ加え、泡立て器で混ぜます。

2 ラップをかけ、電子レンジで約30秒温め、へらでよく混ぜます。

3 20秒を3回、30秒を1回、温めては混ぜる、を繰り返します。

2 氷水で冷やします。

1 水をつけたスプーン2本ですくい、氷水に入れて冷やします。

2 水、砂糖を電子レンジで約1分温め、シロップを作り、冷蔵庫で冷やし、2❶にかけます。

3 同じようにしてアセロラジュース、グレープジュース各150㎖で作ります。

ちょっと驚きの 野菜のおやつ

野菜でもおやつが作れます。
調理ひとつで、いつものおかずではなく
おやつになるのがおもしろいですね。

かぼちゃやにんじん、じゃがいも
好きな野菜で作ってみましょう。

裏ごしも
ざるでやるので
かんたんよ！

野菜ようかん

かぼちゃやほうれん草、にんじんを
すりつぶして、寒天液で固めます。
お砂糖が入っているのもあって、食べやすいです。

野菜ようかん

🌼 材料をそろえましょう！

4人分	
粉寒天	2g
水	200ml
砂糖	大さじ1
かぼちゃ	1/6個

🌼 用具をそろえましょう！

耐熱のボウル　ボウル(中)
ざる　スプーン　へら
ラップ　鍋　電子レンジ
ゼリー型

🌼 さあ、作りましょう！

1 野菜をつぶします。

① かぼちゃは種を取り、2cm角に切ります。

② 耐熱のボウルに入れ、ラップをかけ、電子レンジで約2分半温めます。

③ ボウルにざるをのせ、❷の皮を取って入れ、へらでつぶして裏ごします。

2 粉寒天を煮溶かします。

① 鍋に水、粉寒天を入れ、弱火でかき混ぜながら、1〜2分煮ます。

② 砂糖を入れて混ぜます。

3 寒天液と合わせます。

1❸に2❷を少しずつ加え、なめらかになるまでスプーンで混ぜます。

4 型に入れ、冷やし固めます。

ゼリー型に流し入れ、冷蔵庫で冷やし固めます。

● ほうれん草ようかん
ほうれん草1/2把で作ります。

● にんじんようかん
にんじん2/3本で作ります。

はじめてのおやつ
Variation 1
バリエーション
野菜

型抜きかぼちゃようかん

作り方

お弁当箱などに入れて固めて、型で抜きます。

じゃがもち

じゃいもが大好きな人にはたまらない
おなかにもたまるおやつです。
さっと焼くだけで食べられます。

材料

10個分
じゃがいも	360g
砂糖	大さじ2
片栗粉	大さじ4
薄力粉	大さじ2
しょうゆ	適量
焼きのり	適量
サラダ油	大さじ1

用具

ボウル(大)
へら　フライ返し
はけ　ラップ
フライパン
電子レンジ

🌼 さあ、作りましょう！

1 生地を作ります。

① じゃがいもは1個ずつラップで包み、電子レンジで約6分温めます。

② 皮をむきます。

③ ボウルに入れ、へらでつぶし、砂糖、片栗粉、薄力粉を加えて混ぜます。

2 丸めます。

10等分に分け、手で丸めて平らにします。

3 フライパンで焼きます。

① フライパンにサラダ油を入れて温め、2を入れ、中火から弱火で温め、裏返して両面焼きます。

② しょうゆを塗り、焼きのりを貼ります。

トマトプリッツ

トマトジュースと粉を混ぜて
よく練ったら切って焼くだけ！
他の野菜で作ってみても！

はじめてのおやつ
Variation3
バリエーション
野菜

材料

4人分	
薄力粉	100g
粉チーズ	大さじ3
トマトジュース	60ml
塩	少々
サラダ油	大さじ1

用具

ボウル(大)　へら
麺棒　包丁
まな板　ラップ
オーブン

🌸 さあ、作りましょう！

1 生地を作ります。

①ボウルに薄力粉、粉チーズを入れ、トマトジュースを加え、へらで混ぜます。

②サラダ油を加えて混ぜ、ひとまとまりにします。

2 休ませます。

ボウルに入れ、ラップをかけ、冷蔵庫で約1時間休ませます。

3 のばして細く切ります。

①台に薄力粉(分量外)をふり、麺棒で4mm厚さにのばします。

②細く切ります。

4 焼きます。

クッキングシートを敷いた天板にのせ、160度に予熱したオーブンで15〜20分焼きます。

スイートポテト

野菜おやつの定番スイートポテト
さつまいもの輪切りを温めた上にのせて焼きます。
2つの食感が楽しめます。

はじめてのおやつ
Variation 4
バリエーション
野菜

材料

4人分	
さつまいも	2本(500g)
無塩バター	30g
砂糖	30g
牛乳	大さじ3
卵黄	少々

用具

ボウル(大)　包丁
まな板　耐熱の器
へら　スプーン
はけ　ラップ
電子レンジ
オーブントースター

🌸 さあ、作りましょう！

1 さつまいもを温めます。

① さつまいも1本は1cm厚さに切り、水にさらします。

② 耐熱の器に並べ、ラップをかけ、電子レンジで約4分温めます。

2 つぶします。

① もう1本は、ラップで包み、約5分温め、皮をむき、ボウルに入れ、へらでつぶします。

② バター、砂糖、牛乳を加えて混ぜます。

3 のせて焼きます。

① 1②に2②をのせ、アルミホイルを敷いたオーブントースターの天板に並べます。

② 卵黄を塗り、温めたオーブントースターで焦げ目がつくまで焼きます。

季節を感じる
フルーツおやつ

そのまま食べてもおいしいフルーツですが
一工夫で楽しいおやつに変身します。

ムースやアイスいろいろに！
きれいな色で華やかさがあるので
ちょっとしたパーティにもいいですね！

冷たく冷やして食べましょう

メロンムース

丸くくり抜いたメロンは飾りに
それ以外はミキサーでジュースにして作ります。
メロンを器にしたり、カップに入れたり！

メロンムース

🌸 材料をそろえましょう！

6人分	
アンデスメロン	1個
粉ゼラチン	5g
水	大さじ2
砂糖	大さじ3
牛乳	大さじ2
生クリーム	100ml
ミント	少々

🌸 用具をそろえましょう！

耐熱の器　ボウル(大・中)
包丁　まな板
くり抜き器　スプーン
泡立て器　へら
おたま　ミキサー
電子レンジ　カップ

🌸 さあ、作りましょう！

1 ゼラチンをふやかします。

耐熱の器に水を入れ、ゼラチンを入れ、少しおき、ふやかします。

2 メロンを切り、器にします。

① メロン1/2個は種の部分をスプーンですくい、飾り用にくり抜き器で実をくり抜きます。

② 残りの1/2個はムース用にスプーンで、きれいにすくって器にします。

3 ムースを作ります。

① 2②、砂糖、牛乳をミキサーに入れます。

② なめらかになるまでミキサーにかけます。

③ ②をボウル(大)に入れ、電子レンジで約20秒温めて溶かした1を加えて混ぜます。

4 冷やし固めます。

4 ボウル(中)に生クリームを入れ、泡立て器で8分立てにします。

5 ❸に加えて混ぜます。

メロンの器、カップに流し入れ、冷蔵庫で冷やし固め、くり抜いたメロン、ミントをのせます。

はじめてのおやつ
Variation 1 バリエーション
フルーツ

メロンムースアレンジ

材料
赤肉のメロン

作り方
切ったメロンを器に入れ、ムースを入れます。

フルーツ春巻き

ライスペーパーに包みました。
カスタードクリームも
電子レンジで作るのでかんたんです！

はじめてのおやつ
Variation2
バリエーション
フルーツ

材料

4個分

ライスペーパー	4枚	[カスタードクリーム]	
いちご	3個	卵黄	2個分
キウイ	1/2個	砂糖	40g
オレンジ	1/3個	薄力粉	10g
		牛乳	140ml

用具

耐熱のボウル
ボウル(大)　包丁
まな板　泡立て器
スプーン　ラップ
電子レンジ

さあ、作りましょう！

1 カスタードクリームを作ります。

耐熱のボウルに卵黄、砂糖、薄力粉を入れ、泡立て器で混ぜ、牛乳を少しずつ加えて混ぜます。

ラップをかけ、電子レンジで約2分半温め、泡立て器で混ぜます。

2 フルーツを切ります。

いちご、キウイ、オレンジは薄く切ります。

3 ライスペーパーで包みます。

ライスペーパーは水にくぐらせます。

フルーツを並べ、カスタードクリームをのせます。

手前から巻きます。

フルーツアイス

バナナジュースにフルーツを入れて
アイスキャンディに！
好きなフルーツで作ってもいいですね。

材料

4本分

[キャンディ液]

バナナ	1/2本
牛乳	150mℓ
はちみつ	大さじ1

キウイ	1/4個
いちご	2個
黄桃(缶)(2つ割)、パイン(缶)	各1/2個
みかん(缶)	4個

用具

- 包丁
- まな板
- ミキサー
- キャンディメーカー

さあ、作りましょう！

1 キャンディ液を作ります。

❶ ミキサーに牛乳、バナナ、はちみつを入れます。

❷ なめらかになるまでミキサーにかけます。

2 フルーツを切ります。

キウイ、いちご、パイン、黄桃、みかんは1.5cm角に切ります。

3 キャンディメーカーに入れます。

❶ キャンディメーカーにフルーツを入れます。

❷ 1❷を流し入れます。

4 凍らせます。

キャンディメーカーのふたをし、棒を入れ、冷凍庫で冷やし固めます。

フルーツトースト

パンを箱にして底にはちみつを塗って
切ったフルーツを入れます。
最後に粉糖をふって、豪華な仕上がりに！

はじめてのおやつ
Variation 4
バリエーション
フルーツ

材料

2個分

食パン（4枚切り）	2枚
はちみつ	大さじ2
いちご	3個
キウイ	1/2個
黄桃(缶)(2つ割り)、パイン(缶)	各1個
粉糖	少々
ミント	少々

用具

包丁　まな板
スプーン　菜箸
茶こし
オーブントースター

さあ、作りましょう！

1 パンの器を作ります。

①
食パンの耳の内側に包丁を入れ、下まで切らないようにぐるりと包丁を入れます。

②
内側の部分を手で押してへこませて器にします。

2 はちみつを塗り、焼きます。

①
へこませた部分にはちみつを塗ります。

②
オーブントースターで約4分焼きます。

3 フルーツを入れます。

①
食べやすい大きさに切ったフルーツを入れます。

②
粉糖をふり、ミントをのせます。

材料いろいろ

この本で使われた主な材料です。1つの材料でいろいろ作れます。

小麦粉

薄力粉を使います。

バター

無塩バターです。

卵

Mサイズを使います。

砂糖

上白糖です。

粉糖

最後にふりかけます。

寒天

固めるお菓子に使います。

牛乳

新鮮なものを使います。

生クリーム

この本では動物性を使います。

ゼラチン

ゼリーを作るのに使います。

ホットケーキミックス

ケーキやクッキーも作れます。

片栗粉

わらびもちも作れます。

団子の粉

水を加えて混ぜ、ゆでると団子になります。

道明寺粉

桜もちの生地を作る粉です。

白玉粉

白玉を作る粉です。

サラダ油

シフォンケーキに使います。

用具いろいろ

この本で使われた主な用具です。
代用できるものがあればそれでもかまいません。

♥ 量る
お菓子作りにとって計量は大事。しっかり量りましょう。

♥ 混ぜる
混ぜ方はいろいろです。混ぜ方に合わせて使いましょう。

♥ あると便利

麺棒
ラップの芯でも代用できます。

はけ
卵黄などを塗るのに使います。

ざる
こすのに使います。

プレゼントに！

おやつが上手（じょうず）にできるようになったら
お友達（ともだち）にもプレゼント！
ラッピングも工夫（くふう）しましょう！

和菓子（わがし）もケースに入（い）れて
持（も）っていってもいいですね。

おわりに

　　自分で作って食べる楽しさ
　　味わえましたか？

　混ぜたり、飾りつけたり、作る楽しさが
　おやつをよりおいしくしてくれますね！

　いろいろなおやつ作ってくださいね。

　　　　おやつを通して
　　作ることの楽しさが伝えられたなら‥

　　　小さなおやつに大きな願いを込めて

著者プロフィール
寺西恵里子 てらにし えりこ

(株)サンリオに勤務し、子ども向けの商品の企画デザインを担当。退社後も"HAPPINESS FOR KIDS"をテーマに手芸、料理、工作を中心に手作りのある生活を幅広くプロデュース。その創作活動の場は、実用書、女性誌、子ども雑誌、テレビと多方面に広がり、手作りを提案する著作物は550冊を超え、ギネス申請中。

寺西恵里子の本
『子どもの手芸 楽しいかわいい ポンポン』『子どもの手芸 ワクワク楽しい アイロンビーズ』(小社刊)
『楽しいハロウィン コスチューム&グッズ』(辰巳出版)『0・1・2歳のあそびと環境』(フレーベル館)
『365日子どもが夢中になるあそび』(祥伝社)『3歳からのお手伝い』(河出書房新社)『おしゃれ ベビーブルマ』(ブティック社)
『基本がいちばんよくわかる 刺しゅうのれんしゅう帳』(主婦の友社)『はじめてでもかんたん!エコなリメイク 全4巻』(汐文社)
『30分でできる! かわいい うで編み&ゆび編み』(PHP研究所)『チラシで作るバスケット』(NHK出版)
『かんたん手芸5 毛糸で作ろう』(小峰書店)『ざっくり編みたいチャンキーニット』(主婦と生活社)
『ハンドメイドレクで元気! 手づくり雑貨』(朝日新聞出版)

撮影	奥谷仁
デザイン	ネクサスデザイン
カバーデザイン	サイクルデザイン
作品制作	並木明子　野沢実千代　久保永利子
イラスト	高木敦子
校閲	校正舎楷の木
企画・進行	鏑木香緒里

ひとりでできる! For Kids!!
はじめてのおやつ

2017年10月1日 初版第1刷発行
2019年6月30日 初版第2刷発行

著者●寺西恵里子
発行者●穂谷竹俊
発行所●株式会社 日東書院本社
〒160-0022 東京都新宿区新宿2丁目15番14号　辰巳ビル
TEL●03-5360-7522(代表)　FAX●03-5360-8951(販売部)
振替 00180-0-705753　URL●http://www.TG-NET.co.jp

印刷●大日本印刷株式会社　　製本●株式会社セイコーバインダリー

本書の無断複写複製(コピー)は、著作権上での例外を除き、
著作者、出版社の権利侵害となります。
乱丁・落丁はお取り替えいたします。小社販売部までご連絡ください。
©Eriko Teranishi2017,Printed in Japan　ISBN 978-4-528-02168-6　C2077